AF366423

JOSÉ MIGUEL GARCÍA CONDE

LÁPIZ ROJO

(poesía subliminal)

Bubok Publishing S.L., 2013

1ª edición

ISBN: 978-84-686-4590-2   ISBN digital: 978-84-686-4591-9

Impreso en España / *Printed in Spain*

Editado por Bubok

A mis padres,
por darme todo, incluso la vida.

A Marta,
por mostrarme el mundo de los sueños.

LÁPIZ ROJO

(poesía subliminal)

JOSÉ MIGUEL GARCÍA CONDE

Es hielo abrasador, es fuego helado,
es herida que duele y no se siente,
es un soñado bien, un mal presente,
es un breve descanso muy cansado.

[Quevedo: "Definición del amor"]

Este virus que no muere ni nos mata,
esta amnesia en el cielo del paladar,
la limusina del polvo por Manhattan,
el invierno en Mar del Plata,
los versos del Capitán.

[Joaquín Sabina]

quise borrar las huellas de aquel cuerpo
limpié con táifol el lavabo los restos
del afeitado corrieron por el desagüe

[Pablo García Casado]

Amores de barra
y un lápiz de labios mal puesto en el baño
colirio en los ojos
pegote de rímel la copa en la mano

[Ella baila sola]

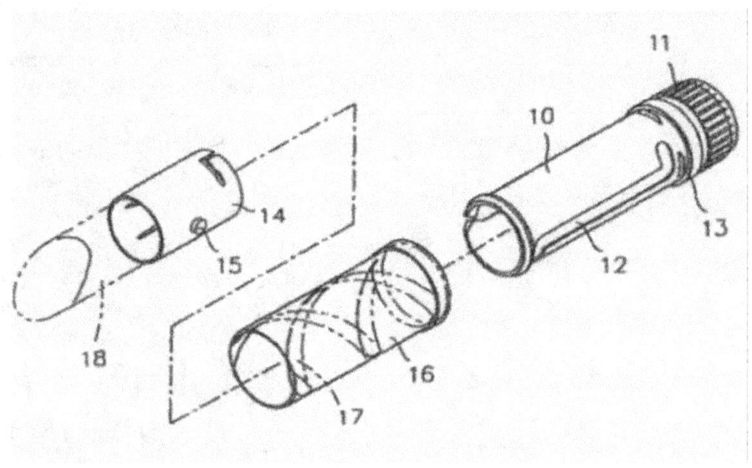

11
10
14
15
18
13
12
17
16

1.- DESCRIPCIÓN

LÁPIZ ROJO viste los labios a diario con un gesto fácil.

Gracias a su textura cremosa y suave y a su packaging, oculta las heridas, disfraza el triste olvido.

La nueva fórmula de LÁPIZ ROJO conjuga hidratación y felicidad.

Creado con ESPERANZA, hidrata los labios y los sueños durante 8 horas o toda la vida.

LÁPIZ ROJO ofrece un resultado de maquillaje satinado y luminoso. En su composición hay desechos, hay espera y desesperación, dentro de una estación o un aeropuerto. Por sus tonos elegantes y luminosos se esconde la radiografía de los huesos, el escáner del alma o del recuerdo. Si encuentra algo mejor le devolveremos su dinero o le daremos un vale de descuento.

LÁPIZ ROJO se presenta en un nuevo estuche de papel, con un diseño intemporal.

Los 41 poemas de la gama son fáciles de llevar y combinar, en función del estado de ánimo.

2.- RADIOGRAFÍA

Avenida de los tristes nº19. Córdoba.

Suena música de fondo: "Like a Rolling Stone" de Bob Dylan.

En la mesa del salón hay un vaso ancho de whisky con un par de cubitos de hielo.

YO

me presento soy yo
 ese culpable
sin saber escribir--
        te deseo que vuelvas

a mirar en mi vida a rozar los relojes
a ponerlos en marcha
a dejar--
me en silencio

RADIOGRAFÍA

mi casa se parece a una casa cualquiera
en ella habitan monstruos y sirenas
y fantasmas deambulan por sus calles
en ella hay versos tristes decorando
las mesas los estantes las paredes

cuando llueve se nubla de amasijos
de mantas voladoras por los aires
pero si sale el sol se puebla de algoritmos
de pétalos de luz como no hay otros

también revolotea en sus adentros
un periplo de voces que no duermen
a veces es el eco de un recuerdo
la sombra del amor es otras veces

por mi casa yo he visto amaneceres
he sentido ponerse tardes rojas
pude sentir el frío de la noche

mi casa es una casa de muñecos
es el telúrico reflejo de otro tiempo
que se acerca a mis sueños sin saberlo

y acomete reformas en mi vida

resistir ante un mundo
que me rompe por dentro los esquemas

trazar un plano
donde jamás me alcance la nostalgia
donde pueda reír sin que la risa
me cambie por completo la apariencia
imaginar un lugar sin libros de autoayuda

un lugar donde no existan los cuentos

y la palabra amor se vuelva roma

HOJAS DE RECLAMACIONES

nunca he visto quejarse al dormitorio
ni siquiera pedir hojas de quejas
a las sábanas limpias cuando hacemos
el amor o la guerra cada noche

jamás imaginé que protestaran
los cuadros que sujetan las paredes
las macetas que adornan los pasillos
tan huérfanas de pan que apenas viven

no he oído al armario hacer ayuno
ni huelga de hambre vi a las papeleras
estrujadas de versos malolientes
y pétalos de rosas disecadas

por eso es que no entiendo a este quejica
incómodo interior que se rebela
latente ensimismado todavía

ante un tímido viento que se aleja

ADOLESCENCIA

(Elegía)

miro la adolescencia de reojo
como un viejo trastero que se acerca
a reventar las grietas de mi cuerpo
a remover mis pies con sus dibujos

no han quedado ya piezas de repuesto
el cansado reloj despertador
pide la hora en medio del invierno
no hay pósters por colgar de las paredes

no han quedado ya versos en los libros
escucho los vinilos y me asustan
las cartas del amor sobre el tejado
que apenas si le lloran a la luna

miro tu cuerpo y pienso en otra vida
en un paisaje azul lejos de todo
la palabra quietud se hace más fuerte

allá donde el pasado nos reclama

SONRISAS EN CONSERVA

conservadas sonrisas en botes de tomate
en una habitación que huele a frío
una cama sin pies con blanco atuendo
y el rostro definido de tu cuerpo

me giro y creo estar en cualquier parte
donde todas mis manos te descubran
sabes a sal de mar a dulce frasco
de pimientos asados en conserva

me recuerdas al viento de poniente
a la esquina más bella de mi infancia
si vuelves como aroma a mi camisa

dejaré que tu luz vista mi casa

POSTALES DE PRAGA

la casa se hace enorme a cada hora
las paredes me agobian me recuerdan
las postales de Praga los retratos
suspendidos del techo de este cuarto

la habitación es triste y nauseabunda
las sábanas no huelen a tu cuerpo
pero huele el silencio a piel cortada
a reseca canción de abrevadero

es lunes mes de abril odio la noche
el sucio calendario es de febrero
y el teléfono aún guarda tu llamada
oculta entre *nos vemos* y *te quiero*

la razón del olvido es la embajada
que forma tu silueta en la cocina
que escucho entre la risa y el mechero
caído por detrás de nuestra cama

el humo del tabaco es de mentira
pero a veces cuando es amargo el día
enciendo un cigarrillo y se consume

como tu cuerpo cuando me despierto

LIBRE

me siento libre hoy para pedirte tiempo
un tiempo realojado entre farolas
en medio de humo gris y vestidos de cuadros
lloverán las antenas las esquinas
y los puestos de pizza congelada

se adentrará ese frío que se agolpa
dentro de los malditos huesos hueros
me pedirás tabaco y nuevos besos
pero esta noche no va haciendo fresco

la carne cuando espera se vuelve prescindible
es futuro de acera y vertedero
es cuerpo de limosna transeúnte

después de cierto tiempo en las paredes
pintaré con grafitis el recuerdo
ese recuerdo ausente que regresa

como en las navidades a buscarnos

ESCALERA DE EMERGENCIA

en medio de un salón oscuro y sosegado
y las cortinas fijas ocultando el espacio

en mitad de un segundo desgastado y corrupto
acompaño a esta pobre sensación de miseria

media ración de estofado se esconde en la nevera
en la mesa una nota de papel casi roto
tal vez llame mañana te he dejado las llaves
ha llamado tu madre volverá a llamar luego

la lavadora se queda como muerta en el patio
centrifuga mi vida de esta triste manera

la habitación me interroga
los cuadros cuelgan y apagan
las luces sin darme cuenta

el teléfono no suena
me suena que algo ha pasado

miro ausentes las parejas caminando por la calle
imaginando que sueñan caminando en otra parte
mi vecina tiende ropa
y se queda como ausente
mirando por la ventana
cómo se secan las horas

el despertador marea
late en el fuego agua hirviendo
esperando a que profunden
unos secos espaguetis

miro el calendario y pienso

que los días pasan lentos
quedan quietas las historias
y mi voz se descompone
como la pastilla rompe
y se deshace en el agua

el Avecrem me recuerda esa arena de otro tiempo
esos pies arremangados en una playa desierta
es pronto para morirse pero ojalá muera pronto
ojalá suene ese timbre para decir que regresas

el sillón busca su espacio los recuerdos se incomodan
y a veces pienso en huir como tardes en invierno

los coches rugen de pronto
descubro que me amenaza
otra mañana asesina
mientras conversan furiosos
los contertulios de crisis

el periódico me anuncia
que ha muerto un hombre inocente
y que aumenta poco a poco
este paro en las encuestas

pero suena en la distancia
un tocadiscos rallado
su música me evapora
y hasta sonrío de pronto

en medio de la derrota
del universo iracundo y la mísera apariencia
sus sonidos son la única

escalera de emergencia

3.- DE TRENES Y ESTACIONES

Metro Alonso Martínez. Madrid.

Suena de fondo el sonido metálico de las estaciones de metro.

Un señor con un libro de poemas de Walt Whitman espera sentado viendo a los otros viajeros.

OVERBOOKING

Despierta, Penélope, hija querida, para ver con tus ojos
lo que ansiabas todos los días.
Ya llegó Odiseo, ya volvió a su casa, aunque tarde.

[HOMERO]

la espera es la peor de todas las canciones
en un aterrador salón de un aeropuerto
frente a máquinas viejas de cafés congelados
y ese olor a lejía que desprende el aseo

los cuerpos se interponen sin apenas mirarse
se sientan uno al otro esperando un momento
se rozan se disculpan y piensan en la espera
que les toca vivir leyendo algún diario

los letreros con luces van marcando el espacio
van dejando sus restos de color en el aire
tristes como *overbooking* vivos como *llegada*
a menudo inconscientes del temblor de un silencio

las palabras aún huecas se diluyen en tiendas
de perfumes marcados de postales resecas
de recuerdos gastados por el sol de un verano
las palabras se esconden en las bolsas de viaje

la vida en una sala de espera se eterniza
igual que cuando niños esperando una fiesta
la vida entre aeropuertos allá cerca muy lejos

donde dos cuerpos sufren y la tarde se muere

ESPERA

la espero cuando suena el reloj
y dan las doce o la una o se revientan
cansadas las ventanas por la lluvia
imaginando un par de idiotas cosas
como que ya no entiendo nada
si no me ven sus ojos tras las gafas

la espero en un piso sin mar a las afueras
con la espalda asustada y las canciones
de no sé qué cantante americano
rodando por un suelo enmoquetado
y esas sucias paredes que a lo lejos
me recuerdan que allí tuve memoria

la espero en una mesa sin manteles
con las sillas dispuestas y las velas
un poco derretidas y apagadas
estudiando la forma en que los cuerpos
se buscan como luces en invierno
se llaman con las fotos desveladas

la espero en la estación o el aeropuerto
en un banco mirando a los aviones
cómo despegan sin apenas tiempo
de decirles adiós con mis pulgares
contemplando la lágrima y el duelo
de dos seres camino de otra historia

la espero cada día y cada noche
sin saber si me espera o me recuerda
sin apenas lugar para encontrarla
fumando un cigarrillo y viendo instantes
esos tristes instantes que en las calles

se dibujan en rostros de otra gente

EL PERIÓDICO DEL DÍA

consulto el periódico del día
entre artículos que hablan de cómo está el país
de qué les pasa
a los tristes banqueros y a los sucios escaparates de zapatos
del porqué de las cartas sin remite
de las puestas de sol acostumbradas
a la sombra vulgar de algo de lluvia

no están los tiempos como para perder el tiempo
en absurdas reuniones de vecinos
en conversaciones de ascensor
hablando de este cielo encapotado

descubro de reojo lo que lee
en el asiento de al lado otro viajero
imagino que piensa que este mundo
está para tirarlo a la basura

TREN DE MEDIANOCHE

vengo de allí de donde los días nunca acaban

vengo cansado como un lunes a las ocho
antes de trabajar
mientras oigo la radio y escucho las noticias

el paro aumenta por momentos
he visto que ha llegado la factura del gas
y del teléfono
no pienso abrir los sobres no estoy dispuesto
a llevarme gratuitos malratos

vengo de allí de donde el mundo
se ha hecho de cemento
de farola de luz incandescente
de donde los porteros te preguntan
a qué piso va usted cuál es su nombre

vengo de días como noches
como horas sin tiempo para el sueño
ni tan siquiera para degustar a solas
la amarga melancolía

espero que este tren de madrugada
sepa buscar destino en mitad del silencio

AMOR SUBLIMINAL

quisiera decirte sin decirte
que tu voz aparece en mis palabras
decirte que no vengas que no quiero
saber nada de ti mejor nos vemos
en otra vida en otra circunstancia
decirte que a menudo siento el mundo
como una kilométrica esperanza
quisiera decirte que te olvides
de todas las palabras que te digo
que vengas a buscarme a la llegada

mi tren llega a Madrid a media tarde

TIEMPO DE IRSE

tiempo de irse ver y hasta quedarse
maletas por el suelo en fila india
de adioses que no acaban del deseo
que vuelvas pronto acuérdate y me llamas
tiempo de besos en remojo de toallas
del húmedo lenguaje de los libros
de la brisa risueña y juguetona
entre dos manos nuevas que conversan
tiempo del tiempo que no acaba nunca
de zapatillas de pasear del mundo
convertido en pasatiempo

será mejor buscar otro destino

PLAYA

enjambre de sombrillas en hilera
anunciando cervezas y refrescos
helados y hasta bancos
tristes bancos
el olor de la crema protectora
se me mete en los ojos como un grano
en medio de un zapato que molesta
las mujeres obesas se saludan
canta un hombre borracho viejas odas
un muchacho extranjero hace castillos
un barco de metal limpia la playa
son días de verano y de renuncia
de papeles mojados de sardinas

del húmedo lenguaje de la infancia

OTRO POEMA PARA UN DÍA DE LLUVIA

te esperaré lloviendo por la calle
imaginando un sol pintado
de lápiz amarillo y acuarela

pisaré cada charco como un niño
que tiene botas nuevas y sonríe
volviendo de la escuela hacia su casa

te esperaré en silencio como espera
el viejo ruiseñor a que se escampe
debajo de un decrépito naranjo

te esperaré cantándole a la lluvia
bailándole a farolas bordeando
los límites del agua en los portales

dejaré que tu nombre me humedezca
que tus dedos de nieve me descubran
en mitad de una noche diluviada

TIENDAS CERRADAS

se derrama la risa de la gente
meto mis pies en charcos y salpica
es una risa cruel es una ajena risa

por otras calles junto a las afueras
otra gente vomita pensamientos
miedos cientos de miles de recuerdos
no sé dónde mirar el mar se hace pedazos

las plazas sueñan con ser calles
las calles con ser trozos de avenidas
las sucias avenidas con ser huertos
y yo sueño que estás pisando charcos

la gente espera el tren llegan noticias

las palabras se encallan como el tiempo

a menudo se escuchan voces nuevas

pero es tarde y las tiendas han cerrado

será mejor volver a ser pequeños

será mejor jugar dentro del mundo

de las viejas pasiones que se fueron

será mejor oír que aún es de día

que la tarde aún es joven que las calles

se visten de sonrisas y de besos

4.- DESECHOS

Vertedero municipal. Roma.

Suena de fondo la melodía "Moon river" de Henry Mancini.

El camión de la basura recoge los restos de la cena de ayer.

ROPA SUCIA

montañas de ropa sin lavar en la cocina
los platos de ayer noche se acomodan
por el suelo unas bragas que no encuentran
destino ni lugar para esconderse
una luz encendida en el pasillo
me acuerdo de tus manos de las mías
del húmedo lenguaje de las horas
necesito que vuelvas a mi vida

empezaré por poner la lavadora

LÁPIZ ROJO

la soledad era eso una hipoteca
un piso sin pagar un vecindario
que apenas si saludas cada día
un marido que escupe por los ojos
un hijo que regresa muy borracho
a las tres o a las seis de la mañana
una tele en mitad del desconcierto
el folleto de Ikea un lápiz rojo
de labios que disfraza tu tristeza
tu madre en un teléfono que grita
un salón con las flores disecadas

una carta de adiós junto al retrete

CARTA

adiós decía la carta abandonada
encima de un telúrico retrete
la tristeza a menudo viaja en metro
otras veces se esconde entre dos trozos
de blanca sensación de carta sucia

que habla de un amor lleno de miedo

COMO UNA SONÁMBULA BRISA

exprimo su cuerpo lo aleteo
como una sonámbula brisa
que despierta pero no me responde

a veces creo que cuánto más insisto
menos caso me hace
otras veces me creo que un mensaje
a su teléfono basta
que una simple y furtiva llamada perdida
servirán para algo

pero no es cierto

nunca aprenderé que debo esconderme
en el mundo maldito de la paciencia

LUZ

de qué sirve esta luz si ya no puedo
ver tu cuerpo en llamas de qué sirve
esta luz si no puedo ver la cama
donde tantas noches tantos besos
también tantos suspiros fuimos dando
de qué sirve esperar frente al retrete

si nunca más tus pies dirán *no tardes*

NEVERA

la nevera se ha quedado vacía y hecha escombros
como yo después de tu tal vez te llame
tal vez un día nos veamos
nos digamos qué tal cómo va todo
pero tal vez ese tal vez no llegue
será mejor comprar llenar los huecos

de esta triste nevera que subsiste

NÚMEROS IMPARES

en medio de las sombras
entre bosques de números impares
detrás de estanterías de libros viejos
te busqué con mis manos y mis días
haciendo crucigramas imposibles
resistiendo ante muros de indecencia
allá donde subsiste el triste olvido
donde todo se hunde y nada es cierto
te busqué sin más arma que el deseo

entonces te encontré pero era tarde

ÓRGANOS

trasplantaré un nuevo corazón por si decides
romper en dos pedazos mis adentros
por si cambias arterias por palabras
canciones por ventrículos de miedo
inyectaré la sangre con las manos
por si quieres morder la roja ausencia

y pretendes marcharte de mi lado

HABLEMOS DE FÚTBOL

como un gol de penalti
en el último minuto te besé
era verano pero las tiendas
los escaparates de los súper
ya anunciaban la Navidad
con luces rojas

fuimos ese fuera de juego
en pleno día en plena madrugada
evitando al contrario al mundo entero
pero al final de pronto levantó

la bandera el juez de línea

LEYENDO A BÉCQUER

¿y tú me lo preguntas esta tarde
después del equipaje y la derrota?
¿y tú me lo preguntas?
el imbécil soy yo

volverán las oscuras noches tristes
en medio de una cama solitaria
cuando te hayas marchado de este piso
volverá la nostalgia a visitarme

del salón en el ángulo oscuro
tu cuerpo se derrite ante mis ojos
no sé si levantar cada persiana

o dejar que esta luz vaya muriendo

EQUIPAJES EQUIVOCADOS

como dos equipajes contrapuestos
                    en dos puertas de embarque diferentes

planeamos rodar nuestras historias
                    apenas diez minutos para el cierre

de un vuelo que no tiene su destino
                    pero que tiene firme su salida

HAMBRE

ningunas manos colman ningún cuerpo me sacia

tanto

como tus manos tristes cuando acercan
su oído a mis pulgares
como tu cuerpo insano cuando miente
diciéndome un adiós inexorable

ACCIDENTE DE TRÁFICO

en medio de la calle
los restos de otro coche atropellado
cada vez que lo veo me acuerdo
de tu cuerpo sobre el mío
atropellado así hecho jirones
como si el mundo fuera tan sencillo

como piezas dobladas por el suelo

¿PERDIDA?

¿perdida?
¿perdida yo?
perdida está mi vida
y todo lo que fui por darte todo
ese ínfimo universo que sólo
se despierta y camina
va dormida al trabajo

y se acuesta temprano

IBUPROFENO

será mejor tomar Ibuprofeno
resistir al dolor que gobierna el invierno
saber hacer la guerra combatir el deseo
ser inmunes al miedo y a la palabra Olvido
ignorar los posibles
efectos secundarios
y cerrar las ventanas

hasta que nazca el día

CUANDO ESTO ACABE

lo que vendrá después cuando esto acabe
cuando dejen los humos de silbar
por túneles y valles invencibles
cuando barra esta escoba el ciego cielo
y se hundan las estrellas por la calle
y no queden ya libros de poesía

lo que vendrá después será distinto
humearán los cuerpos sin sentido
sabrán a nicotina los paisajes
cuando todo esto acabe no habrá gritos
ni tan siquiera estúpidos viajeros
que cuenten los minutos y las horas

lo que vendrá después será tan sólo
la infinita quietud de un mar sin tierra

5.- POEMAS DE SALDO

Rebajas El Corte Inglés. Barcelona.

Suena de fondo: "Durante esta semana pueden encontrar al 50% todos nuestros artículos"

Un señor con traje gris rebusca entre un montón de ropa.

REBAJAS

escoge lo que quieras
de mi cuerpo

úsalo

tíralo

pero al menos
deja que te acompañe en tu viaje

EL OLOR DE LAS FLORES DE PLÁSTICO

el mundo apesta a estiércol y yo te necesito
en medio de unas calles nauseabundas
masticadas con ansia por el metro
su boca es un gran pozo de humo negro

el mundo huele a cieno y yo te quiero
en mitad de un océano de grava
allí donde los besos se reenvían

y las cartas de amor son virtuales

CARTA A UN DIOS HUIDO

convierte los barrotes del mundo en plastilina
recubre en celofán las grietas del olvido
deja la puerta abierta por si vuelve la tarde
y con ella la risa y los viejos amigos

sácale punta al mundo de las máquinas roncas
y encima del tejado de la melancolía
dispón una bandera sin país y sin nombre

haz que el aire viaje por las olas del tiempo
que las paredes hablen con las rojas aceras
que la verdad se nuble y se tiñan los hombres
del color de la risa desusada en la noche

transforma el horizonte en lienzo de amapolas
haz que naden los sueños en papel de hojalata
que los rostros despierten y que el sol no se esconda

aniquila contratos y asesinos banqueros
tiende puentes con alas de bandadas eternas
confecciona una lista de imposibles canciones
da comida al invierno y sentido a esta vida

nunca olvides que hay gente que una vez creyó en ti

NANA PARA DORMIR GIGANTES

duérmete vida mía que no importen
ni el serio revisor del sucio tren
ni las cartas del banco ni los sueños
que no vas a cumplir esta semana

tú duérmete y despierta a las estrellas
a las luces del mundo de las hadas
recítale poemas a los monstruos
y cántale al oído a las sirenas

descansa de una vez de este universo
que apenas si nos besa en la mejilla
si no puedes dormir cuenta corderos
que yo vigilo el mundo mientras duermes

SEGUNDAS REBAJAS

vendo mis ganas de ser alguien
distinto del que soy
ni más ni menos
que esta estrofa de hombre
sin rima que contemplas

algunas canas ya pintan las sobras
en los bolsillos blíster anti ojeras
el corazón partido en dos mitades
con más colesteroles que alegrías

vendo también los restos del naufragio
las vendas las tiritas los recuerdos
de cada habitación de cada cuerpo

que fue parte de mí como tus manos

ODA AL IDALPREM

impaciente espera en su letargo
afilando el cuchillo que separa
la carne de los huesos la memoria

sabe que tiene cuerpo de sirena
de desnudo varado en la ensenada
se retuerce en la noche como esquirla

anhelando una mano que lo salve
unos dedos curiosos que pretendan
saborear con gusto sus adentros

tiene vientre de daga o de guadaña
sereno y tembloroso espera siempre

que el amor desgraciado lo acaricie

COSAS QUE HACER ANTES DE MORIR

tirar de la cadena que sujeta mi cuerpo
dejar de hacer preguntas perseguir a mujeres
destruir uniformes y palabras gastadas
sacar de los bolsillos la lista de la compra
repintar las paredes con tinta permanente
sujetar con mis manos tus manos cuando duermes
tirar a la basura el teléfono móvil
olvidarme del tiempo que gasté entre sollozos
acordarme del mundo de los sueños perdidos
dormir hasta que el día se vuelva medianoche
repetir cada beso que te di en los portales
meterme en cada charco cuando llueva la tarde
vomitar pensamientos sin quietud ni conciencia
no abrir ninguna carta ni recibo del banco
ensuciarme los pies con arena mojada
destruir los espejos que adornan las paredes
gritar desde el balcón en plena madrugada

hasta que la garganta olvide del todo las palabras

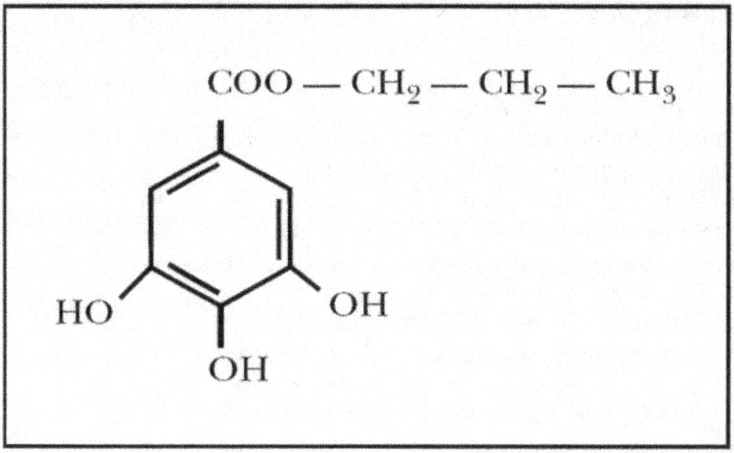

$$COO-CH_2-CH_2-CH_3$$

6.- POÉTICA O COMPOSICIÓN QUÍMICA DE LÁPIZ ROJO

Los lápices de labios actuales son pastas anhidras de composición compleja, pues contienen del orden de 10-15 ingredientes:

- *una gran cantidad de metáforas para dar uniformidad a la mezcla,*

- *un número indeterminado de sentimientos que otorguen durabilidad al compuesto,*

- *algunos vocablos sumamente elaborados que indiquen que el producto es caro,*

- *una interminable suma de versos con apenas rima que perfilen,*

- *además de una omisión total de signos de puntuación que dejen ver el contenido lo más claro posible.*

Almadén, abril de 2011
Torrijos, octubre de 2013

7.- DEDICATORIAS

Me gustaría dedicar los siguientes poemas a algunas personas:

"ROMA", a *Marta*, por trazar conmigo el plano más difícil, el de la vida.

"SONRISAS EN CONSERVA", a *mis abuelos*, por ofrecerme la mayor de las riquezas, la alegría de la infancia.

"OVERBOOKING", a *Víctor*, por ser tan parte de mí como mis sueños.

"IBUPROFENO", a *Pancho*, por el regalo fugaz de su presencia.

"NANA PARA DORMIR GIGANTES", a *un hijo o una hija que tendré*.

ÍNDICE

www.ingramcontent.com/pod-product-compliance
Lightning Source LLC
LaVergne TN
LVHW010657200726

843507LV00011B/1908